AF343212

ALLOCUTION

PRONONCÉE

le 6 Février 1884, dans l'Église Saint-Maclou de Rouen

PAR

M. l'Abbé Julien LOTH

Au Mariage de M. Paul DELESQUES

et de Mlle Marthe BRIDOUX

ROUEN

IMPRIMERIE ESPÉRANCE CAGNIARD

88, rue Jeanne-Darc, 88

—

1889

ALLOCUTION

PRONONCÉE

le 14 février 1889, dans l'Église Saint-Maclou de Rouen

PAR

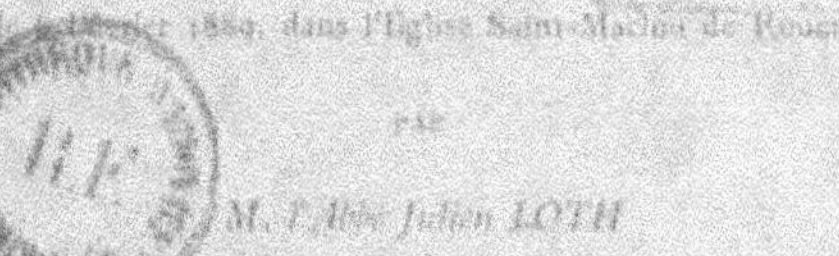

M. l'Abbé Julien LOTH

Au Mariage de M. Paul DELESQUES

et de Mᵐᵉ Maurice BRIDOUX

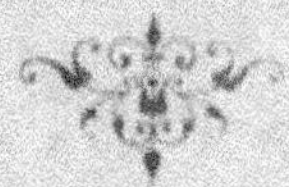

ROUEN

IMPRIMERIE ESPÉRANCE CAGNIARD

88, rue Jeanne-Darc, 88

—

1889

ALLOCUTION

PRONONCÉE PAR M. L'ABBÉ JULIEN LOTH

Vos doux serments, votre bel et généreux amour vont recevoir, en face de ces autels, leur suprême consécration. Vous les avez manifestés, hier, au représentant de la loi, et il a donné à votre mutuel consentement la sanction de l'autorité publique ; mais ici, c'est Dieu lui-même qui intervient par son Église et qui serre de ses mains les liens indissolubles qui enchaîneront désormais vos deux vies. Il achève par là l'œuvre qu'il a commencée. Car c'est Lui, n'en doutez pas, qui vous a guidés l'un vers l'autre ; selon cette parole de nos saintes Lettres : « L'homme dispose ses voies, mais Dieu conduit ses pas. » C'est Lui qui a inspiré à vos âmes cette sympathie profonde et ces résolutions décisives, que le Sacrement va rendre sacrées et éternelles. Les hommes ne veulent voir, en de telles rencontres, que le jeu des événements et les effets du hasard. « Ne parlons pas de hasard, dit Bossuet, ou parlons-en seulement comme d'un mot dont nous couvrons notre ignorance. » C'est donc pour vous, mon cher ami, que cette jeune fille a grandi, comme une fleur charmante et délicate, sous l'œil de son père et les chaudes tendresses de sa mère. Son père, doyen des notaires de notre arrondissement, était un homme de l'ancienne marque qui avait su ajouter encore, par son mérite et ses vertus, à la considération dont son nom et ses fonctions étaient entourés, et s'il manque à cette fête, il la contemple avec consolation du séjour des Justes. La mère de votre fiancée est une de ces femmes accomplies qui trouvent leur louange la plus parfaite dans les enfants qu'elles ont formés, et en qui revivent les dons exquis de l'intelligence et du cœur dont elle avait été comblée. Son fils est son honneur comme sa fille est sa consolation. Est-ce à moi de vous apprendre ce que tous disent de celle qui va porter votre nom ? Vous savez mieux que personne comment elle joint la grâce à la bonté, aux dons naturels de l'esprit ceux d'une excellente éducation, à une intelligence pénétrante et étendue le goût le plus affiné et le cœur le plus aimant, une piété vraie au caractère le plus égal, le culte de tout ce qui est beau, au besoin de se dévouer à tout ce qui est bien. Sa mère, son frère, les témoins de sa gracieuse enfance, en la voyant quitter la maison, qu'elle embellissait de ses charmes et de ses vertus, l'accompagnent de leurs bénédictions et vous la confient avec bonheur, car vous êtes digne d'elle.

Je connais votre touchante histoire. Je vous ai vu grandir et tenir les promesses de vos jeunes années. Vous vous êtes fait ce que vous êtes. Certes, la Providence vous avait merveilleusement doué du côté de l'intelligence et du cœur ; vous avez rencontré dans vos études, si brillantes et si complètes, des maîtres dévoués ; vous avez eu, pour vous aider dans les débuts et les difficultés de la vie, des cœurs d'une rare tendresse. Qu'il me soit permis de bénir ici votre oncle, M. Cagniard. Il m'a été donné de célébrer quelquefois ses succès dans

un art qu'il a porté à sa perfection et de me
faire, devant ses œuvres merveilleuses, l'écho
de l'admiration publique. Mais en ce moment,
c'est son cœur que je loue et que je remercie du
bien qu'il vous a fait, à vous comme à tous les
siens. Et comment oublierai-je votre admirable
tante, Mlle Cagniard ? Elle est de ces âmes qui
ne trouvent ici-bas d'autre joie que celle de se
dévouer et ne se comptent pour rien, ne
vivant que d'abnégation et de désintéressement.
Comme elle vous a aimé ! Comme elle était
fière de vos premiers succès ! Comme elle
offrirait volontiers tout ce qu'elle a, et sa vie
même, comme un cher holocauste, sur l'autel
de son cœur, pour assurer votre bonheur !

J'en demande pardon à son humilité, mais je
veux lui rendre ici l'honneur qui lui est dû et
l'associer aux joies de ce beau jour. Car enfin,
le petit enfant qu'elle a bercé comme une mère,

et auprès duquel elle a remplacé la mère, partie trop tôt avec les Anges, ce jeune homme, dont elle a encouragé et soutenu les débuts, est devenu un homme qui a marqué sa place parmi les meilleurs et les plus sympathiques écrivains de notre ville.

Vous êtes entré dans la grande presse, dans un journal également cher aux honnêtes gens et aux délicats, et qui compte, en France, parmi les organes sérieux et autorisés de l'opinion publique.

Là, dans cette maison de la rue Saint-Étienne-des-Tonneliers, à l'exemple du chef, un écrivain de race, le plus charmant et le plus aimable des maîtres, tout le monde a de l'esprit, de la verve, du talent et de la loyauté. Vous avez su, mon cher ami, vous y faire remarquer. Combien goûtent, comme moi, vos pages élevées et ravissantes, et notamment vos critiques d'art,

si fines, si colorées, si vibrantes, où l'on sent
l'enthousiasme du beau et la recherche du vrai !
Combien admirent les ressources variées de
votre esprit, et l'invariable honnêteté de vos
convictions !

Ce sont ces convictions qui vous ont tenu
ferme dans la foi de votre enfance et fidèle à
Dieu, et vous ont mérité la grâce qui vous est
faite aujourd'hui d'une femme accomplie, ce
qui est, au témoignage de l'Écriture, le don par
excellence, celui qui surpasse tous les autres :
Gratia super gratiam mulier sancta et pudorata.

Oh ! grandeur, oh ! sainteté, oh ! douceur du
mariage chrétien !

Tout à l'heure, devant Dieu, et la main dans
la main, vous vous direz l'un à l'autre : « Vous
seul, ô mon ami, et pour toujours ! »

Que cet élan de votre jeune amour soit aussi
le dernier murmure de vos lèvres expirantes !

Les longues années de bonheur que nous vous souhaitons ne feront qu'accroître cet amour dont Bossuet a dit « qu'il surpasse celui des pères et des mères à l'égard de leurs enfants, car c'est celui de tous que la nature a serré plus étroitement », et que l'apôtre compare à la tendresse du Christ pour son Église.

Sans doute, à travers le soleil printannier qui sourit en ce moment à votre bonheur, il faut entrevoir l'automne et l'hiver de la vie. Vous serez soumis, comme tous les êtres ici-bas, à la loi de la souffrance. Vous aurez vos épreuves, mais en les supportant du même cœur, vous les rendrez moins lourdes ; vos larmes couleront peut-être, mais il y a quelque douceur à les verser dans une âme qui les recueille et leur enlève toute amertume.

Que dis-je ? Vous aurez par-dessus tout la grâce de Dieu, ces grâces pleines, abondantes, dont le Sacrement du mariage chrétien est, au regard de la foi, le canal divin.

Car, disent nos saintes Lettres, Celui qui impose la loi donne aussi les bénédictions pour la remplir. *Etenim benedictionem dabit legislator.*

Vous ne serez pas seuls dans votre doux foyer. Jésus-Christ y entrera avec vous. Vous placerez son image sous vos yeux : elle vous sera une leçon toujours chère et une protection toujours présente.

O jeunes et chers époux, que le souvenir de cette heure solennelle ne s'efface jamais de votre pensée ! Revoyez souvent, dans l'avenir, cette vénérable église, ces doux visages des parents et des amis ; entendez les harmonies célestes qui accompagnent et célèbrent votre bonheur. Tous ceux qui vous aiment sont ici ou vous contemplent de Là-Haut.

Tant de vœux et de prières vous mériteront

les longues et durables félicités. Nous les
implorons, nous les attendons de Celui qui
est le Dieu et la vie de nos cœurs, car Il nous
voit et nous entend de son tabernacle, et lorsque
je lèverai ma main sur vos têtes, c'est Lui, le
Christ, père des hommes, protecteur de la
famille, appui du foyer, gardien du grand et
saint amour des époux, qui vous bénira !

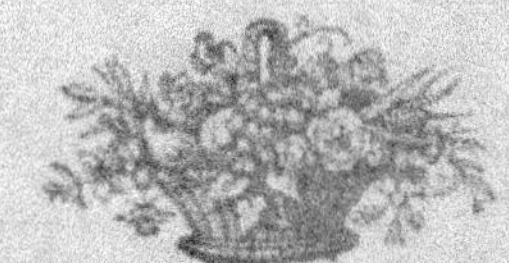